PRÉCIS

D'UN OUVRAGE

SUR LE BUDGET

ET SES ERREURS.

PARIS,

Chez Delaunay et Pelicier, Libraires, au Palais-Royal.

1816.

PRÉCIS

D'UN OUVRAGE

SUR LE BUDGET ET SES ERREURS.

Je crois devoir présenter au public le précis d'un ouvrage sur le budget, que je voulais adresser à la chambre des députés. Tout ce qui concerne les finances intéresse la nation. Cette vérité si connue acquiert une nouvelle force quand ce grand intérêt de famille se trouve réuni à des intérêts étrangers plus importants encore.

Après avoir traduit la partie du budget qu'il était possible de comprendre, j'ai vu que, pour rétablir les finances de la France, il se présentait plusieurs difficultés à vaincre;

Ecarter du compte de 1816 cet arriéré qui rendrait le rétablissement de l'ordre impossible, et l'écarter sans offenser cette justice royale qui ne juge point abstraitement, qui décide entre les créanciers et les contribuables, et qui calcule le possible en même temps que le juste;

Suppléer aux recettes qu'on a calculées d'avance, mais qui ne se réaliseront pas;

Suppléer encore aux diminutions de produit que feront éprouver les modérations qu'il est indispensable d'accorder sur les droits d'enregistrement et les contributions directes;

Préparer la remonte des effets publics, en fondant le crédit de l'état sur des bases solides, et en mettant le sort des créanciers à l'abri des caprices et des erreurs du ministère;

Achever d'assurer cette remonte si importante, en établissant une caisse d'amortissement qui produise dès le premier instant des effets sensibles et rassurants;

Garantir de tout obstacle, de toute suspension, le payement le plus exact des indemnités dues aux puissances étrangères;

Remplacer par d'excellent papier le numéraire que les dettes à l'étranger feront nécessairement sortir; le remplacer avec abondance, pour fournir aux besoins du commerce maritime, qui va bientôt renaître.

J'ai reconnu qu'on ne s'était même pas occupé de résoudre ce grand problème dont dépend le salut de la France, et cependant la solution m'en a paru assez facile pour oser l'entreprendre avec l'espoir de réussir.

L'arriéré est l'objet dont l'auteur du budget officiel paraît s'être occupé avec le plus de soin. Cet article remplit presque seul le discours à la Chambre et le rapport au Roi.

Si l'on en considère la somme, on s'aperçoit qu'elle varie plus d'une fois dans ce compte. Estimée d'abord (1) à près de 700 millions, elle est réduite ensuite par l'auteur à 625 millions; il assure encore qu'on pourrait en retrancher 130 millions qui ne lui paraissent pas former une créance légitime; il déclare même (2) qu'une liquidation ferait éprouver un décroissement considérable à cette charge publique qui dans ce moment de crise forme le seul embarras des finances.

Je dirai à mon tour que cet amas d'anciennes dettes calculées d'après les bases présentées dans le budget, ne s'élèverait qu'à 604 millions; que la grande défalcation de 130 millions, et l'effet de la liquidation, réduiraient vraisemblablement à 400 ou 420 tout au plus.

---

(1) Voyez pages 6 du Discours et 12 du Rapport.
(2) Page 6 du Discours.

Si on veut maintenant connaître quelle est la nature de ce fameux arriéré, on verra qu'il n'est pour ainsi dire composé que d'anciennes dettes du gouvernement usurpateur, de réclamations qu'il rejetait depuis long-temps, puisqu'il y en a qui remontent jusqu'en 1801; et qu'en le payant ce ne serait que la conscience de Bonaparte que nous acquitterions.

La plus grande partie de ces effets n'est plus dans les mains des anciens propriétaires; ils sont dans les portefeuilles des agioteurs qui, les ayant acquis à 50 et 60 pour cent, s'agitent pour les faire adopter par la nation et se faire payer 100 francs ce qu'ils achetaient il y a quelques mois 50 francs. Les gros fournisseurs, qui seuls ont conservé leurs titres, nous présentent des fortunes si énormes, qu'elles forment une accusation contre eux dès qu'on les confronte à leur faible origine, qu'on observe la rapidité de leur croissance, et qu'on se rappèle qu'ils ne les ont grossies qu'en faisant payer au gouvernement leurs fournitures à cinquante pour cent au-dessus de leur valeur, comme M. Bricogne nous l'atteste.

Voilà ces anciennes dettes, si peu recommandables en elles-mêmes, moins recomman-

dables .encore par ceux qui les possèdent,
méprisables enfants des folies de Bonaparte
ou du désordre de nos financiers, et qui suffiraient cependant pour rejeter la France dans
l'abîme dont elle vient à peine d'échapper, si
la fermeté cessait un seul instant de fixer des
limites à la bonté.

Les Français, qui croyent que la justice du
Roi appartient à tous ses sujets, désirent sans
doute que les créanciers légitimes de l'arriéré
soient payés ; mais ils désirent aussi que la
même justice viène au secours des contribuables, et n'exige pas qu'ils payent de fausses réclamations, qu'ils les payent même à l'instant,
sans avoir le temps d'en recouvrer la force ;
leurs députés demanderont sans doute que
les créances qui forment l'arriéré ne puissent
porter intérêt qu'après avoir été épurées par
une liquidation, comme doivent toujours l'être
d'anciennes dettes contractées sous un autre
gouvernement; que le payement de ces créances soit reculé jusqu'à la fin des cinq années
de gêne et d'inquiétude que nous sommes
condamnés à passer, et que toutes les forces
de la France soient ménagées et employées
jusques-là pour hâter le jour de notre déli-
vrance.

Du revenu et de la dépense.

Tous les hommes instruits s'accordent à penser que plusieurs moyens de revenus proposés dans le budget sont d'une injustice et d'une vexation trop évidente, trop révoltante, pour qu'on puisse les adopter, et qu'ils seraient encore insuffisants. Il est donc absolument nécessaire d'en présenter d'autres qui puissent y suppléer.

Comment consentir qu'un fils dont le père laisserait quelques dettes hypothéquées sur ses propriétés, soit condamné à payer à l'Etat, dans le cours de l'année, plus que son revenu ? comment permettre que les contributions, poussées à un excès inoui, après une année désastreuse, enlèvent à l'agriculture ces fonds d'avances qui seuls peuvent la féconder ? comment souffrir qu'un fermier, un vigneron, soit obligé de donner aujourd'hui pour 100 fr. les élèves ou les vins qu'il aurait vendus 150 fr. six mois après, si l'excès de l'impôt ne le forçait pas de vendre ? comment supporter que l'impôt sur les boissons, si tourmentant pour le peuple, soit rétabli, sans qu'on fasse le moindre effort pour rendre sa perception supportable, quand il y a des moyens si faciles d'y réussir ?

Une seule cause a produit toutes ces erreurs. Le ministre n'a considéré que les anciennes impositions sur la propriété, il n'a vu de moyens d'accroître le revenu qu'en surchargeant les mêmes contribuables. Il n'a pas remarqué que les impositions directes et les droits d'enregistrement, déjà portés à l'excès par la tyrannie, ne pouvaient pas être augmentés de nouveau sous le règne d'un prince qui ne balance point à s'imposer des privations pour en épargner à ses sujets ; qu'une pareille injustice serait en opposition formelle avec le caractère du monarque. Les sous pour livre avaient ruiné les finances de la France sous Louis XV et Louis XVI ; les centimes additionnels en feraient autant sous Louis XVIII : les noms seuls sont changés, la cause est la même, ignorance ou paresse.

Le Roi, comme chef de l'Etat, veut et doit vouloir que la France ait un revenu égal à ses dépenses ; mais le Roi, comme père de ses sujets, veut que ce revenu soit réparti sur les différentes classes, et levé avec tous les ménagements dont il est susceptible ; et aucune de ses intentions de sagesse et de bonté ne pourrait être remplie, si l'on se conformait au budget : les impôts seraient excessivement onéreux, et le revenu ne suffirait pas.

Voilà les motifs qui m'ont décidé à présenter de meilleurs moyens d'obéir à ses volontés de père et de monarque. Servir mon Roi et ma Patrie a été toute ma vie mon unique ambition, et ma conduite l'a prouvé.

Pour rétablir l'équilibre dans les finances d'un grand empire, il faut abjurer l'esprit de système et employer à-la-fois tous les moyens que la raison nous présente afin de n'en exagérer aucun. Imposer, emprunter, et faire en même temps des réformes, est le seul moyen de pouvoir rejetter les impots trop onéreux ; n'ouvrir que des emprunts trop faibles pour que leurs intérêts surchargent le budget prochain, et s'arrêter dans les réformes même, au terme qui sépare la justice indulgente de la justice trop sévère.

Je sais fort bien que pour s'assurer la faveur populaire, ce ne sont pas des impôts, ce sont des emprunts qu'il faut proposer ; mais plus jaloux de mériter l'estime de mes concitoyens que soucieux d'usurper leur suffrage, j'écouterai mon devoir, je n'obéirai qu'à lui, et certes, il ne m'ordonnera pas d'imiter ce

Génevois ministre des finances de la France, qui ruina par le système des emprunts ses deux patries, la France et Genève, et ne fut un instant l'idole de ces deux nations, que pour devenir bientôt l'objet de leur exécration.

La crise où nous nous trouvons est plus difficile et plus dangereuse peut-être qu'on ne le pense, quand on ne réfléchit pas que nous avons des sommes considérables à payer aux étrangers et que leurs troupes sont en France. Je suis cependant persuadé qu'au mois d'octobre dernier il n'aurait pas fallu des efforts excessifs pour établir le pair entre les recettes et les dépenses réelles, et rendre les impositions moins vexatoires. Mais le premier trimestre devant être écoulé avant qu'aucun emprunt puisse être ouvert, qu'aucun impôt puisse donner des produits, les comptes de ce trimestre laisseront nécessairement un déficit qu'il faudra couvrir, si on ne veut pas perpétuer le désordre, et qui forcera les deux chambres d'ouvrir et de placer, sous la surveillance de S. M., un crédit supplémentaire de 70 à 100 millions pour détruire toute crainte d'un nouvel arriéré, et d'un embarras dans les finances qu'il est si nécessaire de prévenir quand nous avons des engagements forcés.

Assurer de la manière la plus tranquillisante l'exact payement des indemnités aux étrangers ; fournir au trésor royal toutes les sommes nécessaires pour acquitter les dépenses ; créer et perpétuer le crédit de l'Etat en donnant à la confiance des bases que les caprices ou les abus des ministres ne puissent jamais détruire.

Voilà les diverses conditions du problême à résoudre pour rétablir le crédit public et remettre l'ordre dans les finances ; et en les faisant connaître, j'ai tracé la tâche que je m'imposais : je vais essayer de la remplir.

Impôts.

Dans l'ouvrage que je voulais adresser à la chambre des députés sur les erreurs du budget, et dont ceci n'est que le précis, je commençais par proposer une taxe extraordinaire de trois pour cent sur les profits de l'industrie qui, n'imposant que 120 fr. à celui dont les bénéfices s'élèvent à 4,000 fr., ne fournirait un sujet de plainte qu'aux insensés qui veulent jouir des avantages de l'état social sans en payer les charges ; qui n'ont pas le courage de s'imposer la moindre privation pour assurer leur tranquillité et celle de leur famille ; qui ne calculent pas que le moindre trouble intérieur, qu'une quinzaine de jours passés dans les agitations, coûtent dix fois plus à la classe industrieuse que les faibles impôts qu'elle aurait payés pour les prévenir.

Quelque légère que soit cette charge, j'ai voulu l'adoucir encore en y joignant le rétablissement des corporations que la grande majorité des habitants de nos villes attend depuis long-temps et desire avec justice ; cette superbe institution pouvant seule, en lui donnant des syndics, lui assurer des défenseurs et des protecteurs de ses droits, rétablir le pouvoir des pères de famille et des maîtres sur leurs apprentifs et leurs ouvriers, les préserver du désordre qu'un aventurier jète dans leur commerce en s'établissant à leur porte, et leur assurer enfin un état progressif de débit et de fortune, par la réduction successive du nombre des concurrents que les faillites, les condamnations pour fraude sur le poids, la mesure ou les qualités, et les morts naturelles sans laisser d'enfants en état de succéder, réduiraient bientôt au nombre qui serait fixé par la loi.

Ils éprouveraient encore l'avantage d'éviter l'accroissement de leurs impositions mobilières qui serait remplacé par la nouvelle taxe. Ils jouiraient enfin d'une répartition plus égale puisque le soin de répartir serait confié désormais aux syndics pour les anciennes contributions comme pour les nouvelles.

J'ai placé à la fin de cet ouvrage la loi pour les corporations et les calculs pour la taxe de trois pour cent qui prouvent qu'elle donnerait dans la France entière 80 millions de produit. La simple lecture de la loi fera voir que pour asseoir cet impôt avec justice, il suffirait de connaître les profits de chaque classe ; et que ce travail serait facile.

J'ai proposé d'ajouter aux droits perçus à la consommation sur les sucres et le café, une taxe de 12 f. 50 c. par quintal de sucre brut.

De 25 f. par quintal de sucre raffiné qui aurait déjà supporté 25 f. de droits sur les deux quintaux de sucre brut passés au raffinage.

De 50 f. sur le sucre terré.

De 50 f. sur le café.

La consommation actuelle est de :

Sucre brut. . . . 240,000 q^x
Qui à 12 fr. 50 c. feraient. . . . . . . 3,000,000 fr.
Sucre raffiné . . .100,000 . . à 25 fr. 2,500,000
Sucre terré. . . .165,000 . . à 50 fr. 8,250,000
Café. . . . . . .228,000 . . à 50 fr. 11,400,000
____

Qui présentant au
calcul un produit de. . . . . .F—25,150,000

assureraient un revenu de 20 millions au moins quitte de tous frais.

Du Sel.

La consommation du sel en France est aujourd'hui de 560,000 quintaux ,qui, à 15 f. le quintal,devraient produire 54 millions et garantiraient du moins une recette de 50 millions, que le désordre réduit cependant aujourd'hui à 35.

Tabac.

La consommation du tabac est de 140,000 quintaux , le produit des droits sur la fabrication a monté en 1815 à 40 millions. La paix a fait baisser le prix des matières premières et cependant il n'est évalué dans le budget qu'à 37 millions. La faiblesse du revenu que donnent ces deux impôts annonce un désordre qu'il est presssant de faire cesser. Je propose de les confier tous les deux à des régies intéressées, en proportionnant les taxations aux diminutions de dépenses et aux augmentations de produit.

Je regarderais enfin comme un impôt supportable un nouveau droit de 5o c. par livre pesant de tabac qui serait ajouté aux droits actuels.

Cette nouvelle taxe levée sur une consommation de 140,000 quintaux produirait sept millions.

En récapitulant les nouveaux moyens de revenu dont je viens de parler, on trouve pour la taxe de trois pour cent sur l'industrie. . . . . .   F. 80,000,000

Pour le nouveau droit sur le sucre et le café, } . . 20,000,000

Pour une meilleure administration de l'impôt sur le sel . . . . } . . 10,000,000

Pour *idem.* sur le tabac au moins. . . . . } . . 8,000,000

Pour l'addition de 5o c. sur le tabac. . . . . } . . 7,000,000

____

125,000,000

Ces nouvelles branches de revenu, étant

plus que suffisantes pour prévenir tout déficit , permettraient de diminuer et de rendre moins onéreuses , moins injustes, les contributions et les droits d'enregistrement.

Du crédit public.

Le seul moyen de crédit ou plutôt d'avance que propose le budget, est un accroissement sur les cautionnements des employés. Ce moyen présente de faibles avantages et de grands inconvénients ; il ne pourrait pas se renouveler , et ne forme qu'une ressource passagère ; il assurerait une sorte d'inamovibilité à une foule d'employés parmi lesquels il y en a beaucoup d'inutiles , que l'économie ordonne de supprimer, tandis que l'intérêt public commande d'en écarter plusieurs autres, dénoncés par les adresses des départements comme chefs des agitateurs dans les villes, les bourgs et les villages qu'ils habitent.

Le trésor royal ne payerait l'intérêt de ces avances qu'à quatre pour cent ; mais la raison ne permettant pas de croire que ces employés consentissent d'emprunter à sept ou huit pour prêter à quatre, s'ils n'étaient pas dédommagés par des taxations sur des recettes qui n'y étaient pas soumises, la conservation des places abusives qui auraient été réformées, ou l'assurance de retenir impunément des fonds de caisse que la loi leur prescrit de verser plus promptement, cet intérêt monterait certainement à huit pour cent.

Je propose de suppléer à cette mauvaise ressource par des avances égales, moins chères, qui établiraient pour la France les bases durables d'un grand crédit, et produiraient à l'instant même une forte hausse sur le cours des effets publics.

L'utilité des moyens que je vais proposer, et la facilité de les employer, n'auront besoin d'être démontrés par aucun raisonnement; elles seront évidentes : il me suffira d'en présenter le tableau.

L'exemple de l'Angleterre ne nous permet plus d'ignorer les grands services que les banques de circulation rendent aux nations, en soutenant le crédit public et le crédit commercial. Le premier de ces crédits donne au gouvernement les moyens de déployer toute sa puissance pour résister à ses ennemis. Le second procure au peuple l'aisance et la richesse, en soutenant tous les genres de commerce.

Ces bienfaits des banques sont à nos ordres : il ne nous faut que vouloir ; et plus heureux que nos voisins, le spectacle de l'abus qu'ils en ont fait nous enseigne à le prévenir. Il suffit aujourd'hui d'assurer à la banque de France toute l'étendue de force qu'elle doit avoir en doublant son capital, de lui donner la destination qu'elle n'a pas ou qu'elle ne remplit pas, et de s'en servir pour entourer de la confiance publique tous les engagements de l'Etat envers ses créanciers.

Le projet de loi que je vais présenter suffira pour prouver combien il est facile d'y réussir.

Projet de loi pour la Banque.

La charte de la banque accordée par un gouvernement illégal serait renouvelée par le gouvernement légitime, et entourée de tous les caractères d'une loi immuable.

Le privilége exclusif de la banque serait renfermé dans Paris et vingt lieues autour de cette capitale.

La dette actuelle du gouvernement envers la

2

banque lui serait payée immédiatement en numéraire, ou en effets publics à leur cours.

La banque doublerait son capital actuel par
un doublement d'actions.

Le prix des nouvelles actions serait fixé
au montant de la part des anciennes dans le
capital et les réserves ; il ne pourrait être
payé qu'en Cinq pour cent évalué à son cours
sur la place, afin de donner à la banque de
Paris comme à celle de Londres, un capital
en effets publics.

Si toutes les nouvelles actions n'étaient pas
achetées dans les trois premiers mois, le res-
tant serait retiré à l'instant même par le gouvernement qui créera en Cinq pour cent la
somme nécessaire pour ce rachat.

Les effets à cinq pour cent qui seraient
versés à la banque par les particuliers pour
l'achat des nouvelles actions, seraient reçus
à quatre pour cent au-dessus de leur cours (1).

Ceux que fournirait le gouvernement ne
seraient reçus qu'au cours.

L'achat des nouvelles actions par les par-

____

(1) La hausse que cette opération produirait sur les
effets publics, ferait plus que couvrir cette espèce de
prime.

ticuliers aurait l'avantage de produire immédiatement une grande hausse dans les fonds
publics, en retirant de la circulation pour 140
ou 150 millions de Cinq pour cent consolidés.

Le retrait des nouvelles actions par le gouvernement aurait celui de présenter à la banque
pour toutes les avances qu'elle ferait à l'Etat,
un premier gage de cent millions toujours
réalisable, la loi devant déclarer ces actions
inaliénables pour le gouvernement comme do-
maine de la couronne; mais aliénables par la
banque comme gage des avances qu'elle aurait
faites.

La banque ne pourrait émettre à Paris,
comme à Londres, qu'une valeur en billets
égale à son capital.

Elle ne pourrait employer pour l'État que
la moitié de ses billets; l'autre moitié reste-
rait à l'usage du commerce.

L'administration ne resserrerait plus son
crédit à un faible nombre de privilégiés; elle
l'étendrait à toutes les maisons de commerce
généralement connues comme très-solides.

Le taux de l'escompte serait reporté de
quatre à six pour cent.

Ce changement dans le taux de l'escompte
et l'augmentation du papier en circulation

joints à l'intérêt de sept et demi à huit pour cent, que produirait la moitié du capital qui serait toujours en effets , élèverait les dividendes à huit et dix pour cent , comme en Angleterre.

La banque serait receveur et payeur de tous les fonds destinés à l'acquit des rentes et à leur amortissement.

Ces fonds lui seraient constamment assignés sur des receveurs personnellement responsables, s'ils en faisaient un autre emploi, quelqu'ordre qu'ils eussent reçu des ministres.

Le caissier de la banque serait lui-même responsable de tous les fonds qu'il détournerait de l'emploi qui leur serait assigné par la loi ; il n'y aurait donc plus de retard à craindre pour les rentiers.

La banque se chargerait des indemnités à payer aux puissances étrangères.

Elle recevrait tous les deux mois la somme nécessaire pour ce service en obligations des receveurs généraux à soixante jours de date , et six pour cent d'escompte. Ces obligations se renouvelleraient tous les deux mois à l'époque de leur remboursement.

La banque soutiendrait encore au pair la circulation de 25 millions en billets du trésor à six pour cent et remboursables à sa cais se : elle recevrait également pour ce nouveau service des obligations à trois mois de date , et il lui serait accordé comme à la banque de Londres deux pour cent d'allouance pour soutenir ces billets.

La caisse de remboursement par rachat que le budget ne portait qu'à 14 millions , serait élevée dés le premier moment à 26, en y joignant les 12 millions pour les négociations , qui deviendraient inutiles quand la banque serait chargée de retirer de la circulation tous les billets donnés pour les indemnités.

Le gouvernement exciterait et protégerait l'établissement des banques de province partout où elles paraîtraient utiles. Le réglement de la banque d'Ecosse étant le plus parfait aux yeux de la raison, et l'expérience de ses succès le plaçant également au premier rang, il serait présenté pour modèle.

Aucune banque ne pourrait s'établir qu'en vertu d'un privilége de Sa Majesté.

Le projet de loi que je propose réunirait tous les avantages d'assurer le payement régulier et toujours certain des indemnités qu'il nous faut remettre aux puissances étrangères ; de relever le cours des effets publics en assurant le sort des rentiers ; de fournir à la

France la meilleure base du crédit public, celle qui fait l'aisance et la force des Anglais; d'en prévenir les abus, en ne permettant d'employer au service du Gouvernement que la moitié des billets, et de donner et d'assurer à l'Etat tous les secours dont il peut avoir besoin, en laissant au commerce tous les appuis qui lui sont nécessaires. L'État, en retirant les actions non-vendues, assurerait, sans aucuns frais, le doublement du capital de la banque; il en créerait le prix en 5 pour 100, et la rente à payer serait couverte par les dividendes à recevoir.

J'ai proposé des impôts, j'ai présenté des moyens de crédit; je vais parler des économies, qui après un long désordre offrent toujours un vaste champ où moissonner.

Des Réformes ou Économies.

L'esprit de parti s'est long-temps occupé, et plus tard qu'on ne le croit peut-être, à créer des places, des dépenses, des abus, pour ses partisans; l'administration en est encore surchargée; cette protection s'achetait de toutes les manières, et plus d'une fois par le crime.

La folle entreprise de Bonaparte de fermer la terre aux Anglais, comme ils nous fermaient les mers, lui fit créer une armée de douaniers qui conservent leurs places quand la cause de leur création n'existe plus,

L'entreprise du cadastre dont l'utilité serait encore un sujet de controverse dans un temps d'aisance et de tranquillité, ajoute une autre armée à celle des douaniers, des dépenses peu utiles à des dépenses ridicules.

Une multitude de commis surcharge tous les bureaux où ils sont souvent introduits par des motifs moins honnêtes que la simple protection.

Monsieur Bricogne ne nous apprend pas, mais il nous confirme que l'article des fournitures et des marchés monte dans les dépenses publiques à 5oo millions et que l'excès de prix qu'on fait payer au gouvernement sur ces fournitures flotte entre quinze et cinquante pour cent; le taux moyen qui serait de trente pour cent porterait l'abus à 9o millions par an, et cependant monsieur Bricogne qui nous indique cette grande économie prétend qu'elles sont toutes inutiles.

Je ne pense pas comme lui; je crois au contraire que des réformes faites avec un mélange de sagesse pour régler, de fermeté pour exécuter, et de générosité pour adoucir, sont les premiers des moyens qu'il faut employer pour

remettre la France des longues secousses
qu'elle vient d'éprouver.

Le mode que je crois le meilleur est de
partager toutes les réformes à faire, en trois
classes ; celles que l'on est maître de réaliser
dès aujourd'hui, celles qui exigent des fonds de
remboursement, celles enfin qu'on ne pourrait exécuter entièrement qu'après s'être as-
suré les moyens de rapprocher les termes de
payement et d'appeler encore les secours de
la banque.

Si chaque ministre, chaque chef d'administration, était obligé de présenter la liste entière de tous les sous-ordres qui ne lui sont
plus nécessaires, et de les diviser en quatre
classes qui seraient réformées successivement
de trimestre en trimestre, sans espoir de re-
tour, mais qui recevraient en partant une gra-
tification de trois mois d'avance, ils auraient
tout le temps de chercher des moyens d'existence ; le gouvernement serait juste pour les
contribuables, sans être cruel pour les sala-
riés ; aucun d'eux ne souffrirait ; on verrait,
au bout de quinze mois, disparaître des états
de dépense 15 à 20 millions, et l'administration serait délivrée d'une foule d'hommes inu-

tiles, qui enfante nécessairement dans son sein tous les abus que la foule enfante partout.

Beaucoup d'employés à cautionnements feignent d'exercer des places où de forts appointements n'obligent à aucun soin. Ce serait pour leur remboursement qu'il faudrait demander des augmentations de cautionnement à ceux qui seraient conservés. Ce genre de dette ne s'accroîtrait pas ; il diminuerait au contraire très-rapidement, si on consacrait à son extinction l'épargne sur les charges supprimées.

Les fonds morts pour l'Etat qui restent dans les caisses des receveurs et des payeurs, sont encore une ressource qu'on peut appeler au secours du trésor royal. Ils étaient énormes en 1788 ; il a été prouvé qu'ils auraient suffi pour éteindre tout ce que les Anglais appèlent la dette flottante, la dette à terme ou exigible, et par conséquent pour sauver l'Etat que ce genre de dette accablait. Ils ne sont pas aussi considérables aujourd'hui ; mais le nombre de millions qu'ils retiènent probablement, suffirait encore pour ramener l'aisance dans le trésor.

Les longs crédits des fournisseurs sont certainement le plus usuraire des emprunts ; mais

la pénurie du trésor royal n'en est pas toujours l'unique cause. S'il faut acheter le privilége de fournir, la réception de la fourniture
et son payement quand elle est ordonnancée,
il faudra bien que le compte des fournisseurs
soit surchargé de toutes ces sommes, confon-
dues dans les divers articles ; et une volonté
ferme suffirait pour épargner à l'Etat le montant de tous ces abus.

J'ai connu il y a peu d'années, à Paris, une
grande administration où le seul changement du
trésorier fit passer les propositions d'un four-
nisseur, de dix au-dessous, à dix au-dessus
du prix de l'année précédente ; il lui fallait
vingt pour cent pour acheter son payement.

Une marche raisonnable, suivie avec quelque constance et quelque fermeté sous le règne
d'un prince économe, mettrait un terme au
grand abus que nous indique M. Bricogne,
avant la fin de ces trois ans qu'il faut avoir le
courage de fixer pour dernier terme aux mal-
heurs de la France.

L'excès des frais de recouvrement nous
présente la plus importante des économies
dont le gouvernement puisse s'occuper aujourd'hui ; la triture, la routine des finances
y serait inutile. Les annales des bureaux ne

peuvent rien enseigner ; l'administration des fermes, et surtout le bizarre partage de la France financière en provinces rachetées, étrangéres, de quart-bouillon, soumises aux grandes ou aux petites gabelles, exemptes du sel, des douanes ou du tabac.

Cette funeste suite du régime féodal ne permettait pas jadis l'économie dans les frais de perception. L'étranger seul peut nous présenter des modèles ; mais si un ministre voyait qu'en Angleterre le taux moyen des dépenses de perception pour les douanes, les droits réunis et l'enregistrement, ne s'élevait en 1799 qu'à quatre et demi pour cent, et a diminué depuis cette époque, il aurait peut-être quelque honte d'avouer qu'il monte en France à plus de vingt pour cent. Rien dans ce genre ne peut suppléer le travail et la pensée du chef.

Plus de cent millions d'impôts nouveaux et une ressource de cinquante millions d'avance que j'ai indiquée, auraient été plus que suffisants au mois d'octobre dernier pour prévenir tout déficit, et permettre de diminuer les contributions et les droits d'enregistrement ; mais aujourd'hui, quand le premier trimestre de l'année est presque écoulé, et le sera long-temps avant qu'aucun moyen de revenu soit mis en action, il ne faut pas seulement s'occuper de l'avenir, il faut encore pourvoir au passé, et le seul moyen est d'ouvrir une faible partie de l'emprunt gigantesque de M. Bricogne ; de le réduire entre soixante-dix et cent millions, d'y chercher une ressource qu'on trouverait bien facilement chez les Français comme chez l'étranger, si après avoir adopté les réglements que j'ai indiqués pour la banque, et qui suffiraient seuls pour produire une grande hausse dans le prix des effets, on offrait 5 francs de rente pour 80 francs. Je crois donc avoir résolu le problème que je m'étais proposé, et avoir prouvé qu'il est encore facile de sauver la France, sans faire le malheur des Français.

Mais quand on gouverne un peuple comme le nôtre, qui, sous la tyrannie même, a fait, par sa seule force, de si grands progrès dans la route du commerce, et surtout du commerce d'industrie ; le grand moyen pour l'Etat de s'assurer des fonds quand il en a besoin, et de faciliter la perception des impôts, c'est de conduire la Nation plus rapidement encore à la richesse, de mettre à la disposition de l'homme industrieux et honnête tous les fonds nécessaires à ses affaires, à son commerce; de faire couler au sein de la France le Pactole des Anglais, en protégeant ou excitant partout l'établissement des banques de circulation; de ces banques de *Province*, qui ne produisent pas aux conquérants des moyens de force pour dévaster la terre, mais qui fournissent aux sujets des charrues pour la labourer; qui ne forgent point de canons pour décimer la race humaine, mais qui lui présentent tout ce qu'il faut pour s'enrichir et se multiplier, sans craindre la misère; qui n'aident point à faire régner la terreur, mais qui portent à l'idolatrie l'amour pour un Roi dont la sagesse fait le bonheur de ses sujets. Je ne crains point de me répéter, en parlant de ces banques si utiles à toutes les Nations qui savent s'en servir, et qui deviennent absolument nécessaires à un peuple que les circonstances forcent d'exporter une partie considérable de son numéraire, et de rétablir au même instant son commerce maritime (1).

---

(1) Si on veut connaître bien la théorie et la pratique des banques, on les trouvera dans l'Essai sur le crédit commercial et l'Histoire de la Banque de Londres, que j'ai publiés en 1801 et 1810, chez Colas, rue du Petit-Lion, et chez les marchands de Nouveautés.

PROJET DE LOI,

POUR

LE RÉTABLISSEMENT DES CORPORATIONS.

Les corporations seront rétablies dans toutes les villes de la France.

Tous les habitants domiciliés de Paris, depuis les propriétaires de maisons ou terrains, jusqu'au dernier genre d'ouvriers, seront divisés en classes par le ministre de l'intérieur ou le préfet de police. Il n'y aura d'exception que pour les magistrats et les militaires qui forment déjà des corps, les simples ouvriers travaillant dans les boutiques ou ateliers, et les domestiques.

Les classes seront distinguées par la nature de leurs moyens d'existence et le genre d'industrie qu'elles professent.

L'établissement des classes se fera par arrondissement.

Les principaux membres de chaque classe seront convoqués pour choisir dans leur sein des commissaires généraux.

Ces commissaires formeront une liste de tous les habitants du même arrondissement qui seront membres de leur classe.

Ils partageront cette liste en trois sections, première, seconde et troisième, selon la plus ou moindre somme de revenu connu ou présumé que leur formeront leurs propriétés ou leur industrie.

Chaque section contiendra un tiers de la classe.

L'impôt que payerait la classe entière sera réparti entre les sections à raison d'une moitié sur la première, un tiers sur la seconde et un sixième sur la dernière.

Chacune de ces sections s'assemblera séparément pour élire un ou deux syndics dont le premier devoir sera de répartir avec plus d'égalité les contributions ou les taxes que les différents particuliers qui composent leurs classes payent aujourd'hui, et qui seront réunies en un seul impôt, sans considération du loyer.

Si un père de famille exerce à-la-fois plusieurs genres d'industrie, il sera placé dans les différentes classes auxquelles ses différents genres d'industrie l'attacheront.

Si différents membres de la même famille exercent divers genres d'industrie, de talents ou de commerce, chacun d'eux sera inscrit dans la classe et la section où sa profession et la somme de ses profits l'appelleront.

Plusieurs classes de marchands ou artisans étant beaucoup plus nombreuses qu'elles ne devraient l'être pour leur avantage particulier et celui du public, aucun nouveau marchand ou artisan ne pourra s'établir désormais; il n'y aura d'exception à cette règle que pour ceux qui obtiendraient des brevets d'invention.

Si un marchand ou artisan meurt sans laisser une veuve, un fils ou un gendre qui professant le même genre d'industrie, demeure depuis deux ans au moins et travaille avec lui, son nom sera effacé de la liste. Tout marchand ou artisan qui ne se serait pas fait inscrire dans sa classe huit jours après la nomination des syndics, serait exclu.

Il en serait de même de tout négociant, marchand ou artisan qui suspendrait ses payements et ne s'acquitterait pas en entier dans le cours d'une année; de tous ceux qui seraient convaincus de vendre à faux poids, à fausses mesures, de tromper sur la qualité des marchandises, d'être complices de quelques complots séditieux ou de souffrir que leurs enfants, apprentifs ou ouvriers commettent ce crime.

Si la classe consultée par le syndic croyait qu'un marchand artiste, artisan ou ouvrier qui aurait été emprisonné ne serait pas coupable, elle pourrait réclamer auprès du ministre sa mise en liberté.

Les marchandises, instruments, outils, ou effets appartenants à un marchand ou artisan effacé de la liste et faisant partie de son commerce ou servant à son travail, seront achetés par la classe à cinq pour cent au-dessus du prix de facture et de transport, s'ils n'ont point éprouvé d'avarie évidente.

Les syndics feront seuls le recouvrement de l'impôt assis sur leur section, le nombre ne sera point fixé dans les classes des arts libéraux.

Toutes les classes pourront se réunir pour rembourser les cautionnements des receveurs particuliers de la capitale ou de la ville où elles seraient établies, les taxations de ces receveurs serviraient aux dépenses de la classe et aux indemnités qui seraient allouées aux syndics. Trois mois au plus suffiront, si l'on veut, pour l'organisation des classes dans la France entière.

Calculs du produit d'une taxe de trois pour cent sur les profits de l'industrie, et bases de ce calcul.

Voulant éviter d'exagérer les résultats de mes calculs, je me tiendrai au-dessous de la réalité, en posant les bases.

Population de la France . 26,000,000 hab.

Population des villes et bourgs, estimée seulement au quart (1) de la population du royaume. 6,500,000

Population de Paris . . . 500,000

Proportion de la classe industrieuse à la population des villes (2). . . . . . . $\frac{3}{7}$

---

(1) Les Anglais estiment la population des villes à plus du tiers de la population générale.

(2) On doit compter au nombre des produits de l'industrie, tout produit qui ne provient ni de la rente d'une terre, ni de celle d'un capital placé à intérêt ; la

Classe industrieuse dans Paris. 300,000

Classe industrieuse dans les villes et bourgs de provinces. 3,600,000

Le grand nombre des célibataires qui vivent dans Paris de leur travail ou de leur industrie , et des familles où le père, la mère, un et quelquefois plusieurs enfants professant des états différents , doivent être inscrits dans des classes diverses, et former autant de contribuables, ne permet pas de compter moins d'une cote de taxe par trois personnes : ce qui donne , pour le nombre des contribuables dans Paris . . 100,000

---

classe industrieuse comprend donc tous les hommes qui fondent en tout ou en partie leurs moyens d'existence ou de richesse, sur l'emploi actuel ou passé de leurs facultés physiques ou morales , et des fonds d'avance en instruments ou capitaux qui secondent leur travail.

Et dans les villes et bourgs de provinces.   1,200,000

Les porteurs d'eau de Paris qui ont un cheval et une petite charette, gagnent, à ma connaissance, 2,000 fr., ainsi que les conducteurs de fiacre et de cabriolets. Les benéfices des banquiers ne peuvent pas être estimés à moins de   10,000

Je ne craindrai donc pas de commettre d'erreur par excès en estimant le terme moyen du produit de l'industrie dans Paris à. . . . .   4,000 fr.

Et la taxe de trois pour cent à. . . . . , .   120

Je ne crains point non plus d'exagérer ces produits pour les villes de province, en portant leur terme moyen à   2,000

Et la taxe à   60

Et cependant l'impôt de 120 f., multiplié par 100,000

contribuables, donnant pour produit de la taxe dans Paris   12,000,000

Et celui de 60 fr. pour les villes de province, multiplié par 1,200,000 têtes imposables, produisant . . .   72,000,000

La taxe des trois pour cent produirait à elle seule   84,000,000

qu'il faut calculer à 80 millions net.

Et trois mois étant plus que suffisants pour réorganiser les corporations, cet impôt fournirait au trésor royal, dans le reste de l'année 1816, 40 millions.

FIN.

DE L'IMPRIMERIE DE C.-F. PATRIS,
RUE DE LA COLOMBE, N° 4, DANS LA CITÉ.